Inhalt

EU-Energiepolitik - Protektionistische Bestrebungen im Fusionspoker stören traute Einigkeit

Kernthesen

Beitrag

Fallbeispiele

Zahlen und Fakten

Weiterführende Literatur

Impressum

EU-Energiepolitik - Protektionistische Bestrebungen im Fusionspoker stören traute Einigkeit

Autor GENIOS BranchenWissen: A.Schneider

Kernthesen

- Europa importiert heute bereits rund 50% seiner benötigten Energiemenge. Das europäische Erdgas kommt zu 25% vom russischen Gasmonopolisten Gazprom.
- EU-Kommissar Barroso strebt nach einem geeinten, schlagkräftigen Europa in Sachen Energie und hat hierzu ein Grünbuch vorgestellt.
- Unter den großen Energieversorgern tobt

ein grenzüberschreitender Fusionspoker, der den Vorwurf eines aufflammenden Protektionismus in der europäischen Wirtschaftspolitik laut werden lässt.
- Frankreich verkündet den Zusammenschluss von Gaz de France und Suez, um die Übernahme durch die italienische Enel zu verhindern; Italiens Politikern wäre eine Fusion der heimischen Konzerne Eni und Enel sehr willkommen; Spanien will Endesa nicht in die Hände der deutschen Eon fallen lassen.

Beitrag

Während die EU mit einem jüngst vorgestellten Grünbuch für ein geeintes Vorgehen Europas in Sachen Energie wirbt, kämpfen nationale Regierungen und Unternehmen mit protektionistischen Schachzügen gegen ausländische Eindringlinge auf dem heimischen Energiemarkt.

EU-Kommission strebt nach geeinter Strategie in Sachen Energie

Der weltweite Energiebedarf wächst. Nicht nur die altbekannten Industrieländer allen voran USA verbrauchen viel Energie und Rohstoffe, sondern auch die aufstrebenden asiatischen Boomregionen wie China und Indien. Öl wird knapper, Gas wird beliebter, Kernenergie ist wieder aktuell, heimische Energieträger werden neu entdeckt, regenerative Energien gerne gefördert.

Im Streben nach Versorgungssicherheit für die eigene Volkswirtschaft wird über alte Feindschaften großzügig hinweggesehen. So will es sich mit Russland längst keiner mehr verscherzen. Spätestens seit Putin an der Ukraine sein Exempel statuiert hat, ist allen klar geworden, wie angreifbar und labil im Ernstfall unsere Energiequellen sind. Denn das Grundproblem in der Energieversorgung Europas besteht darin, dass wir in hohem Maße von Importen fossiler Energieträger abhängig sind. Heute importiert Europa bereits rund 50% der benötigten Energiemenge, in 25 Jahren könnten es 70% sein. Beispiel Gas: Der Gasverbrauch der EU wird bis 2030 um 60 Prozent steigen. Der Importbedarf wächst von 35 auf 80 Prozent.

In Russland aber liegt mehr als ein Viertel der weltweiten Gasreserven. Da tritt man gerne versöhnlich-partnerschaftlich auf. Sogar Amerika ist besorgt, denkt neuerdings übers Energiesparen und neue Bezugsquellen nach und entdeckt den Ex-Erzfeind Russland als Freund in Sachen Energie. So hat beispielsweise die Firma Shell bereits vor einem Jahr einen Gasvertrag mit Moskau geschlossen. Schon nächstes Jahr sollen die ersten Kubikmeter Gas von der Halbinsel Sachalin per Schiff nach Kalifornien transportiert werden. (1)

EU-Kommissionspräsident Jose Barroso und Energie-Kommissar Andris Piebalgs haben Präsident Putin jüngst besucht, um über eine Energiepartnerschaft zu sprechen. Der russische Energieriese Gazprom ist nicht erst dank Schröder auch jenseits der russischen Grenzen bekannt. Der Monopolist in der russischen Gasdistribution verfügt über ein Pipeline-Netz von 153 800 Kilometern, ein Sechstel der globalen Gasreserven und deckt 25 Prozent des europäischen Gasverbrauchs. Die EU möchte den Zugang ausländischer Investoren auf das Pipelinenetz von Gazprom erreichen, doch noch ist Putin nicht willens, einen Teil seines Machtinstruments abzugeben. (2)

Und so beschäftigt sich derzeit ganz Europa intensiv damit, wie wir auch in Zukunft sicher mit Energie versorgt werden können. Ende nächster Woche werden die 25 Staats- und Regierungschefs auf ihrem EU-Gipfel in Brüssel die Möglichkeiten einer gemeinsamen Energiepolitik ausloten. Ein geeintes Europa, das eine klare gemeinsame Energiepolitik betreibt, hätte ohne Zweifel im globalen Wettlauf um knappes Öl und Gas mehr Schlagkraft als 25 Mini-Staaten im Alleingang. Um diesem Ziel näher zu kommen hat Barroso vor kurzem ein Grünbuch zum Thema Eine europäische Strategie für nachhaltige, wettbewerbsfähige und sichere Energie vorgestellt.

Als Grünbuch bezeichnet man ein Diskussionspapier der Europäischen Kommission zu einem bestimmten Thema, insbesondere Vorlagen für Verordnungen und Richtlinien, mit dem Zweck, auf diesem Gebiet eine öffentliche und wissenschaftliche Diskussion herbeizuführen und grundlegende politische Ziele in Gang zu setzen. Häufig werden eine Reihe von Ideen oder Fragen aufgeworfen und Einzelne sowie Organisationen zu Beiträgen aufgefordert. Nächster Schritt ist oft ein Weißbuch, welches offizielle Vorschläge zusammenfasst. (3)

Doch am aufflammenden Protektionismus scheiden sich die Geister

Der Weg zu einem geeinten Europa in Sachen Energie wird wohl noch lang und steinig sein. Was im Augenblick zwischen Frankreich, Spanien, Italien und

Deutschland abläuft, sieht jedenfalls noch nicht nach trauter Einigkeit aus.

Frei sollte er eigentlich sein, der Zugang zu den Energiemärkten in der EU, rege sollte er sein, der Wettbewerb zwischen starken Unternehmen, und fallen sollten sie, die Preise für die Verbraucher. Doch angesichts der aktuellen Übernahmeschlachten scheinen diese Ziele in den Hintergrund zu rücken und die nationalen Interessen über das Wohl der gesamten EU gestellt zu werden. Unter den großen Energieversorgern Europas [Abb.1] rollt weiterhin eine Konzentrationswelle. Diese hat längst die nationalen Grenzen überspült. Immer öfter wollen ausländische Investoren heimische Unternehmen übernehmen. Das ist ja auch längst nichts Neues mehr. Wir wissen es selbst: immer mehr von uns fahren täglich zur Arbeit, um uns für ein ausländisches Unternehmen zu engagieren. Doch jetzt, wo es um die Energie geht, werden die Nationen sichtlich nervös. Schließlich trifft es bei der Energieversorgung die Lebensader moderner Volkswirtschaften. Und da hört bei etlichen Regierungschefs der Spaß auf. Mit dem Argument, dass starke nationale Unternehmen die Versorgungssicherheit eines Landes am besten gewährleisten können, setzt man sich gegen unerwünschte ausländische Unternehmensübernahmen zur Wehr. Regelrechte Abschottungsmechanismen werden in Gang gesetzt, so dass der Vorwurf eines neu aufflammenden Protektionismus in der europäischen Wirtschaftspolitik inzwischen unüberhörbar laut geworden ist.

Die Hauptakteure im derzeitigen Energieschlagabtausch sind die französischen Unternehmen Gaz de France (GdF) und Suez, die spanische Endesa und der Gasversorger Gas Natural, die deutsche Eon sowie die italienischen Energieunternehmen Eni und Enel.

Frankreichs Regierung will durch eine Fusion der heimischen Versorger Gaz de France und Suez eine Übernahme von Suez durch die italienische Enel verhindern. Premierminister Dominique de Villepin ließ verlauten, dass die Unabhängigkeit der Energieversorgung unseres Landes eine strategische Frage sei. (4), (5)

Spanien setzt sich gegen ein Kaufangebot der deutschen Eon für den spanischen Stromkonzern Endesa erbittert zur Wehr. "Endesa ist unser größter Energiekonzern, die Stromversorgung gehört zu den strategisch wichtigen Sektoren unseres Landes und sollte daher spanisch bleiben", erklärte Premier José Luis Rodrigéz Zapatero. (6)

Italiens Politiker wollen den staatlich kontrollierten

Ölkonzern Eni mit Italiens größtem Strom- und Gaskonzern Enel verheiraten. Der Oppositionsführer und Kandidat für das Amt des Ministerpräsidenten Romano Prodi sagte: "Es ist notwendig, dass wir unsere Energieversorger stärken und die Symmetrie zwischen den Ländern garantieren. (7)

Und wie so oft ist alles eine Frage des Blickwinkels: Die Einen sind überzeugt, dass die Versorgungssicherheit eines Landes am besten durch heimische Konzerne und heimische Energieträger gesichert werden kann. Dafür stellen sie auch das Funktionieren des EU-Binnenmarktes hinten an.

EU-Kommissionspräsident Barroso warnt vor protektionistischen Bestrebungen und kämpft für Weltbranchenführer mit Standort in Europa. Europa brauche keine nationalen Champions, da sich in einer globalisierten Welt kein Mitgliedsstaat alleine behaupten könne. (8)

Auch in Deutschland ist Kritik an der Abschottung ausländischer Energiemärkte laut geworden. Doch wer selbst im Glashaus sitzt, sollte vielleicht besser nicht mit Steinen werfen. Dies mahnte deutlich der Kartellamtschef Ulf Böge und erinnerte an die im Jahr 2002 ergangene Ministererlaubnis für die zuvor vom Kartellamt verbotene Fusion von Eon und

Ruhrgas sowie an die vom Bundeskartellamt und der Europäischen Kommission im Jahr 2000 zusammen erteilten Genehmigungen der Fusionen von Veba und Viag zu Eon-Ruhrgas und von RWE und VEW. Die Kartellbehörden hätten damals einen ungedeckten Scheck auf die Zukunft ausgestellt. Böge hat auch Bedenken gegen eine Übernahme des spanischen Energieversorgers Endesa durch Eon angemeldet. (9)

Wieder Andere sehen im derzeit aufkeimenden Protektionismus gerade den Beweis dafür, dass der EU-Binnenmarkt besser funktioniert als man glaubt. Besonders im Energiesektor habe die EU erfolgreich nationale Schranken niedergerissen. Hielt man vor kurzem noch die Übernahme eines großen Versorgers durch ein ausländisches Unternehmen für undenkbar, so dreht sich in Europa jetzt das Fusionskarussell. (10)

Nun, am 9. April wird ein deutscher Energiegipfel stattfinden. Wir dürfen gespannt sein, welche Strategien die dortigen Akteure für Deutschlands Energiesicherheit entwerfen. Wie sichern wir unsere Energieunternehmen vor ausländischem Zugriff und wollen wir das überhaupt? Wie sieht die weitere Förderung heimischer Energieträger aus? Wie endet das Gerangel zwischen wieder belebter Atomkraft oder fortgesetztem Atomkraftausstieg? (11), (1)

Fallbeispiele

Frankreich vs. Italien: Gaz de France und Suez verbünden sich gegen Enel

Der französische Premierminister Villepin verkündete am 24. Februar überraschend die Fusion des französischen Gaskonzerns Gaz de France (GdF) mit dem Pariser Versorger Suez. Vorausgegangen war ein als feindlich betrachtetes Übernahmeangebot des italienischen Versorgers Enel für Suez. Enel hatte in enger Zusammenarbeit mit dem französischen Versorger Veolia seit November letzten Jahres an einem gemeinsamen Übernahmeangebot für Suez gearbeitet. In Frankreich stieß dieses Vorhaben auf keinerlei Gegenliebe. Die Regierung selbst wurde kurzerhand aktiv. Nun wiederum ist Italien erbost. Der römische Finanzminister Giulio Tremonto verglich das kurzfristige Manöver sogar mit dem Ausbruch des Ersten Weltkriegs.

Doch noch ist das französische Heimspiel nicht in

trockenen Tüchern. Zum einen muss sich Suez darauf vorbereiten, dass der italienische Konkurrent Enel doch noch ein Übernahmeangebot vorlegt. Die Finanzierung von 50 Milliarden Euro und alle Anträge an Aufsichtsbehörden oder Strategiepräsentationen sollen bereits fertig sein.
Zum anderen dürfte es noch eine Weile dauern, bis alle Hürden genommen sind. Zunächst bedarf es grünen Lichts seitens der Wettbewerbsbehörden. Derzeit prüft der EU-Binnenmarktkommissar Charlie McCreevy, ob das Verhalten der französischen Regierung bei der geplanten Fusion gegen EU-Recht verstößt. Dann muss das Privatisierungsgesetz geändert werden, damit die staatliche Beteiligung von 80 Prozent an Gaz de France in einen Anteil von 34 Prozent am neuen Konzern verwandelt werden kann. Denn die GDF gehört zu rund 80 Prozent dem französischen Staat. Außerdem müssen die französischen Gewerkschaften besänftigt werden.

Klappt der Zusammenschluss von GdF und Suez, entsteht Europas zweitgrößter Energieversorger nach Frankreichs EDF. Das Unternehmen würde einen Jahresumsatz von rund 64 Milliarden Euro erwirtschaften und Strom und Gas aus einer Hand anbieten. Der Unternehmenschef Cirelli schätzt die Synergieeffekte auf mehr als 1 Mrd. EUR, davon 500 Mio. EUR in den nächsten drei Jahren. (1), (12), (13), (14), (15), (16)

Italien mit Italien: Politik wäre ein Heimspiel willkommen

Auch die Italiener wollen sich nicht lumpen lassen. Ihre Politiker haben inzwischen verkündet, einen eigenen heimischen Energie-Champion gründen zu wollen. So könne man doch den staatlich kontrollierten Ölkonzern Eni mit Italiens größtem Strom- und Gaskonzern Enel verheiraten. Das Ergebnis wäre ein Energieriese mit einer Marktkapitalisierung von 140 Milliarden Euro. Damit könnte dann auch Italien mit einem eigenen Player in Europas Top-Liga der Energieversorger mitspielen. Der Vorstandschef von Eni, Paolo Scaroni, hat die Fusionsabsichten allerdings bisher zurückgewiesen. (7), (17)

Deutschland vs. Spanien: Eon will Endesa

Die Düsseldorfer Eon AG will den spanischen Energieversorger Endesa für 29,1 Milliarden Euro übernehmen. Das Fusionsvorhaben wurde inzwischen bei der Europäischen Kommission in Brüssel angemeldet und wird dort geprüft.

Kampflos geben aber auch die Spanier ihr Energieunternehmen nicht her. Zum einen gibt es bereits seit September 2005 ein Kaufangebot des spanischen Konkurrenten Gas Natural. Dies ist zwar bei Endesa ebenfalls unerwünscht, aber der spanischen Regierung allemal lieber. Ministerpräsident José Luis Zapatero kümmert sich selbst darum, die Übernahme durch die deutsche Eon zu verhindern. Er kritisiert beispielsweise, dass Eon für die Offerte eine Tochtergesellschaft mit dem Namen Eon Zwölfte Verwaltungs GmbH gegründet habe, die selbst nur über ein Kapital von 25 000 Euro verfüge. Es sei verwunderlich, dass diese Tochter ein Angebot über 29,1 Mrd.Euro präsentiert habe, hieß es. Ein solches Vorgehen ist bei Übernahmen aber international üblich.

In diesem Fall hat ein regelrechtes Kräftemessen zwischen spanischen Behörden und EU-Behörden eingesetzt, wer letztendlich das Sagen hat, ob diese ausländische Übernahme zustande kommen darf oder nicht. Die spanische Regierung hat ein Dekret erlassen, das der nationalen Energieaufsichtsbehörde das Recht einräumt, Übernahmen durch ausländische Unternehmen zu prüfen und zu blockieren.

Gelänge Eon die Übernahme, wäre das die größte Übernahme der Branche. Eon würde zum größten Energiekonzern der Welt aufsteigen und einen Börsenwert von fast 100 Milliarden Euro aufsteigen. Na, und das dürfte Konzernlenker Wulf Bernotat etwas Stress im Übernahmepoker schon Wert sein. (18), (19), (4), (20), (21)

Zahlen & Fakten

Europa Top Energiekonzerne nach Umsatz 2004

Konzern	Land	Umsatz in Milliarden Euro
Electricite de France	Frankreich	46,9
Eon	Deutschland	44,7
Suez	Frankreich	40,7
RWE	Deutschland	37,8
Enel	Italien	34,3
Centrica	Großbritannien	26,0
Gaz de France	Frankreich	18,1
Endesa	Spanien	17,9
Eni *	Italien	17,3
Electrabel	Belgien	12,5
Vattenfall AB	Schweden	12,4
Fortum	Finnland	11,7
Scottish & Southern Energy	Großbritannien	10,9
Iberdrola	Spanien	10,7
Scottish Power	Großbritannien	10,0
EnBW	Deutschland	9,0
Energias de Portugal	Portugal	7,2
Gas Natural	Spanien	6,3

* Gas- und Energieaktivitäten

Quelle: Bloomberg, Handelsblatt

Entnommen aus: Handelsblatt, 07.09.2005, S. 2

Weiterführende Literatur

(1) Der mühsame Weg zum Energiebündel
aus Süddeutsche Zeitung, 16.03.2006, Ausgabe Deutschland, S. 8

(2) EU fordert Öffnung desrussischen Pipelinenetzes
G8-Gipfel: Europas Energiesicherheit ist laut IEA durch Gazproms Pipeline-Monopol gefährdet
aus WirtschaftsBlatt, 17.03.2006, Nr. 2576, S. 13

(3) O.V., Grünbuch, www.wikipedia.de
aus WirtschaftsBlatt, 17.03.2006, Nr. 2576, S. 13

(4) Europäische Energiebranche im Fusionsfieber // Französische Suez sucht Schutz bei Gaz de France / Italiener verärgert / Eon muss sich auf Bieterkampf bei Endesa einstellen
aus Der Tagesspiegel Nr. 19117 VOM 27.02.2006 SEITE 015

(5) Doppelte Moral/
aus Südkurier vom 04.03.2006

(6) Spanien legt E.on Stolperfallen Regierung Zapatero kann Endesa-Kauf vorerst blockieren - Gas

Natural spielt auf Zeit
aus DIE WELT, 02.03.2006, Nr. 52, S. 15

(7) Italien diskutiert Fusion der Energiekonzerne Eni und Enel
aus DIE WELT, 02.03.2006, Nr. 52, S. 15

(8) Barroso warnt vor Protektionismus
aus Süddeutsche Zeitung, 16.03.2006, Ausgabe Deutschland, S. 19

(9) Brüssel soll gegen Frankreich vorgehen
aus Frankfurter Allgemeine Zeitung, 06.03.2006, Nr. 55, S. 13

(10) Kondition gefragt
aus Handelsblatt Nr. 046 vom 06.03.06 Seite 8

(11) Rettet den Wettbewerb Frankreich und Spanien schützen ihre großen Versorger vor europäischen Übernahmen. Deutschland sollte sich das nicht bieten lassen - es geht um günstige Energie, nicht um nationale EitelkeitenVon Claudia Kemfert
aus Financial Times Deutschland vom 17.03.2006, Seite 32

(12) Gaz de France sondiert Übernahmen
aus Frankfurter Allgemeine Zeitung, 17.03.2006, Nr. 65, S. 19

(13) GDF treibt Fusion mit Suez voran
aus Handelsblatt Nr. 055 vom 17.03.06 Seite 15

(14) GdF hält Suez-Angebot für ausgewogen
Synergien von 1 Milliarde Euro dank einer Fusion
aus Neue Zürcher Zeitung, 17.03.2006, Nr. 64, S. 21

(15) Enel bereit für Suez-Angebot
aus Frankfurter Allgemeine Zeitung, 15.03.2006, Nr. 63, S. 14

(16) Schutz nur für die Großen
aus Frankfurter Allgemeine Zeitung, 03.03.2006, Nr. 53, S. 18

(17) Eni widersetzt sich Zusammenschluss mit Enel
Gas- und Ölkonzern präsentiert eigenen
Strategieplan · Italiens Wirtschaftsminister Tremonti
fordert Maßnahmen der EU gegen Frankreich
aus Financial Times Deutschland vom 02.03.2006, Seite 8

(18) Eon meldet Endesa an
aus Frankfurter Allgemeine Zeitung, 17.03.2006, Nr. 65, S. 16

(19) EU pocht auf Zuständigkeit im Fall Endesa
aus Handelsblatt Nr. 055 vom 17.03.06 Seite 12

(20) Eon will Preis für Endesa nicht nachbessern Die
spanische Regierung zieht alle Register zur Abwehr -
EU-Kommission schickt Fragen nach Madrid
aus Börsen-Zeitung, 03.03.2006, Nummer 44, Seite 2

(21) Bloed, Peter / Voss, Markus, E.on. Bernotats
Beutezug, FOCUS-MONEY, 01.03.2006, Ausgabe 10, S.

014-017
aus Börsen-Zeitung, 03.03.2006, Nummer 44, Seite 2

Impressum

EU-Energiepolitik - Protektionistische Bestrebungen im Fusionspoker stören traute Einigkeit

Bibliografische Information der deutschen Nationalbibliothek

Die Deutsche Nationalbibliothek verzeichnet diese Publikation in der deutschen Nationalbibliografie; detaillierte bibliografische Daten sind im Internet über http://dnb.d-nb.de abrufbar.

ISBN: 978-3-7379-2327-9

© 2015 GBI-Genios Deutsche Wirtschaftsdatenbank GmbH, Freischützstraße 96, 81927 München, www.genios.de

Alle Rechte vorbehalten. Dieses Werk ist einschließlich aller seiner Teile – z.B. Texte, Tabellen und Grafiken - urheberrechtlich geschützt. Jede Verwertung außerhalb der Grenzen des Urheberrechtsgesetzes bedarf der vorherigen Zustimmung des Verlags. Dies gilt insbesondere auch für auszugsweise Nachdrucke, fotomechanische Vervielfältigungen (Fotokopie/Mikroskopie), Übersetzungen, Auswertungen durch Datenbanken oder ähnliche Einrichtungen und die Einspeicherung und Verarbeitung in elektronischen Systemen.